Komm, wir gehen raus!

DK

Text **Katie Taylor**
Illustrationen **Lianne Harrison**

Inhalt

An diesem Zeichen erkennst du Tipps, die dir helfen, achtsam und ruhig zu werden.

Für Abenteurer

Für Naturdetektive

Komm, lass uns ein Abenteuer erleben. Suche mich auf allen Seiten dieses Buchs!

DK Penguin Random House

Text Katie Taylor
Illustrationen Lianne Harrison
Lektorat Sally Beets, Penny Smith, Sarah Larter
Gestaltung und Bildredaktion Vic Palastanga, Polly Appleton, Mabel Chan, Helen Senior
Herstellung Abi Maxwell, Ena Matagic

Fachliche Beratung Derek Harvey

Für die deutsche Ausgabe:
Programmleitung Monika Schlitzer
Redaktionsleitung Martina Glöde
Projektbetreuung Janna Heimberg
Herstellungsleitung Dorothee Whittaker
Herstellungskoordination Arnika Marx
Herstellung Jenny Kolbe

Titel der englischen Originalausgabe:
The Nature Adventure Book

Übersetzung Wiebke Krabbe

ISBN 978-3-8310-4135-0

Für Künstler

Mit allen Sinnen

Blätter und Blüten am besten vom Boden aufsammeln, nicht abreißen.

Dieses Zeichen weist auf Sicherheitstipps für Eltern hin.

Sicherheit geht vor

Erleben Sie die Aktivitäten in diesem Buch am besten gemeinsam mit Ihrem Kind. Das Warndreieck weist daraufhin, dass Vorsicht geboten ist und Kinder die Hilfe eines Erwachsenen benötigen. In der Natur gelten besondere Regeln, z. B. sollte man Schilder beachten, Hunde an der Leine führen und den Müll wieder mitnehmen. Tiere können beobachtet, sollten aber nicht gefangen bzw. sofort am selben Ort wieder freigelassen werden. Die Hände nicht in den Mund nehmen oder zwischendurch säubern, falls etwas Giftiges angefasst wurde.

Druck und Bindung TBB, a.s., Slowakei

FSC MIX Aus verantwortungsvollen Quellen FSC® C022120

www.dk-verlag.de

Wanderstock

Der Wanderstock soll dich an deine Abenteuer in der Natur erinnern. Sammle Blumen, Blätter und andere Dinge, die du an ihm befestigst. Dann kannst du anderen erzählen, was du bei deinen Ausflügen erlebt hast.

Du brauchst:

- Dinge, die du in der Natur findest
- Schnur oder Klebeband
- Einen langen Stock

1. Bringe von jedem Ausflug etwas aus der Natur mit, vielleicht eine Muschel von einer Sandburg oder ein Blatt von einem Baum, auf den du geklettert bist.

2. Befestige deine Schätze mit Schnur oder Klebeband an deinem Stock.

Befestige deine Erinnerungsstücke an deinem Stock.

Sammle, was du möchtest: Muscheln, Federn, Steine ...

Benutze deinen Wanderstock, um **Geschichten von deinen Abenteuern** zu erzählen. Berichte, wo du die verschiedenen Dinge gefunden hast. Die indigenen Völker von Australien und Amerika benutzen solche Stöcke seit vielen Jahrhunderten.

Woran erinnern dich die gesammelten Dinge?

Je länger der Stock, desto mehr Fundstücke kannst du daran festbinden.

Achten Sie darauf, was Ihr Kind sammelt. Es sollte nichts abreißen, sondern nur Dinge vom Boden aufheben.

Blatt-Kompass

Du brauchst:

- Nähnadel
- Magnet
- Blatt
- Schüssel mit Wasser
- Stock
- Kieselsteine

Forscher benutzen einen Kompass, um sich in der Wildnis zurechtzufinden. Aus einem Blatt, einer Nadel und einem Magneten kannst du selbst einen Kompass basteln.

⚠ Beaufsichtigen Sie das Kind beim Umgang mit der Nadel.

Für Abenteurer

1 Streiche mit dem Magneten etwa 50 Mal über die Nadel. Setze den Magneten nach jedem Strich ab.

2 Lege die Nadel mitten auf ein Blatt.

3 Lege das Blatt vorsichtig in die Schüssel mit Wasser. Es wird sich langsam drehen und dann in Nord-Süd-Richtung stehen bleiben.

4 Jetzt musst du herausfinden, wo Norden ist. Stecke einen Stock in die Erde. Lege am Ende seines Schattens einen Stein auf den Boden. Nach 30 Minuten ist der Schatten gewandert. Lege an sein Ende einen neuen Stein.

Stelle dich zwischen die Steine. Der erste liegt links, der zweite rechts. Dann schaust du genau nach Norden.

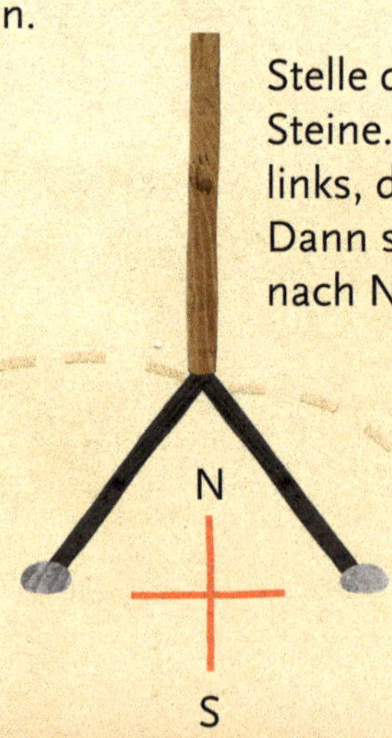

Wenn du weißt, welches Ende der Nadel nach Norden zeigt, kannst du Steine im Norden, Osten, Süden und Westen auf den Boden legen.

Wenn es nicht windig ist, kannst du das Blatt auch in eine Pfütze legen.

Schatzsuche mit Kompass

Verstecke einen „Schatz“, z. B. ein Spielzeug. Leite dann deinen Freund mit Hinweisen wie Nord, Süd, West und Ost in die richtige Richtung.

Geheime Höhle

Wenn alle deine Freunde beim Bau dieser Höhle mithelfen, ist sie schnell fertig. Danach könnt ihr euch darin verstecken.

Du brauchst:

- Lange Äste
- Einen stabilen Baum
- Dünnere Stöcke
- Herabgefallene Blätter
- Baumstamm-Stücke
- Herabgefallene Blüten

Für Abenteurer

1 Lehne zwei lange Äste an den Baum. Sie müssen ganz fest stehen.

2 Lehne nun die übrigen langen Äste an die beiden ersten und den Baum. Versuche, eine spitze Form aufzubauen.

3 Fülle die Lücken mit dünneren Stöcken aus. Du kannst auch Zweige mit Blättern einflechten.

Sammle Blätter und Blüten, um deine Höhle damit zu verzieren.

4 Rolle Stücke von Baumstämmen in die Höhle. Darauf kann man prima sitzen.

Helfen Sie, die ersten Äste standfest an den Baum zu lehnen.

Mäusehöhle
Warum baust du nicht noch eine Mini-Höhle für kleine Tiere? Lege Blätter auf den Boden, damit er schön weich gepolstert wird.

Clever knoten und weben

Für Abenteurer

Du brauchst:

- Vier gleich lange Stöcke
- Schnur
- Sachen zum Weben, z. B. Gras oder herabgefallene Blätter und Blüten

Es ist sehr nützlich, verschiedene Knoten zu kennen. Wenn du den Bogen heraushast, kannst du ein wunderschönes Bild mit Material aus der Natur weben.

1 Binde die Stöcke zu einem Rahmen zusammen. Die Knoten werden im Kasten unten erklärt.

2 Wickle die Schnur jeweils einmal komplett um einen Stock, dann genauso um den gegenüberliegenden und so immer hin und her.

Knoten

Hier siehst du, wie die Stöcke verbunden werden. Fange mit einem Knoten, der Webleinstek heißt, an. Weiter geht es mit einem Kreuzbund. Knoten sind ein prima Training für deine Finger!

Webleinstek **Kreuzbund**

1 Befestige die Schnur so wie auf dem Bild unter der Kreuzung der Stöcke.

2 Lege die Schnur hinter den senkrechten und vor den waagerechten Stock.

3 Führe die Schnur noch einmal genauso um die Stöcke herum.

Das Weben geht langsam voran. Nimm dir Zeit dafür und schau dir deine Naturmaterialien genau an. Dann wirst du ganz ruhig.

Du kannst statt des Rahmens auch eine dünne Astgabel zum Weben benutzen.

3 Jetzt kannst du mit Blättern, Blüten und anderen Dingen aus der Natur ein Bild weben.

Darf ich das Bild in meinen Bau hängen?

4 Wiederhole den vorigen Schritt dreimal. Ziehe die Schnur fest an.

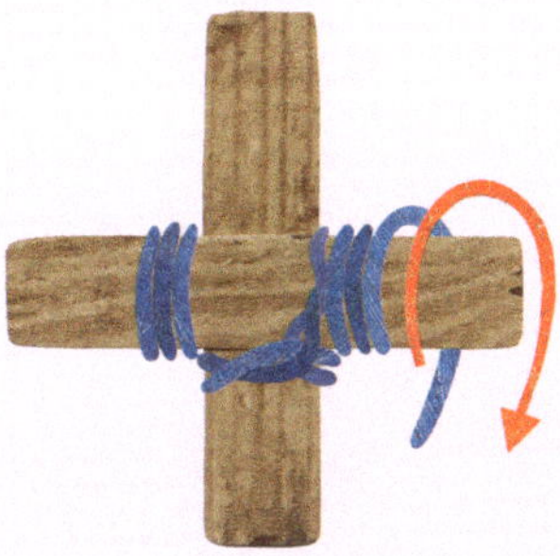

5 Lege das Ende der Schnur hinter den waagerechten Stock.

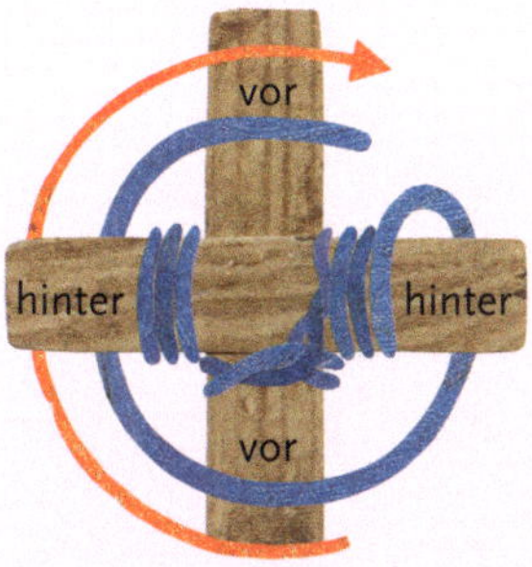

6 Lege die Schnur vor, hinter und wieder vor die Stöcke.

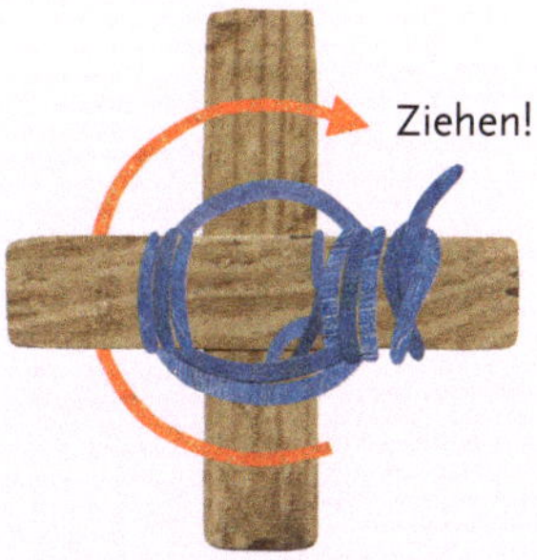

7 Fädle das Ende der Schnur unter die letzte Schlaufe und ziehe es fest.

Floß aus Zweigen

Es macht viel Spaß, ein kleines Floß zu bauen. Wenn es fertig ist, kannst du es in einem Bach, im Meer, im Gartenteich oder in einer Wanne mit Wasser schwimmen lassen.

Du brauchst:

- 9 Stöckchen
- Schnur
- 1 Blatt

1 Sammle für das Floß 8 Stöckchen, die ungefähr gleich dick und lang sind. Nimm einen dünneren, längeren Stock als Mast.

2 Lege die Stöckchen für das Floß nebeneinander. Webe an einem Ende die Schnur auf und ab. Verknote sie. Wiederhole dasselbe am anderen Ende.

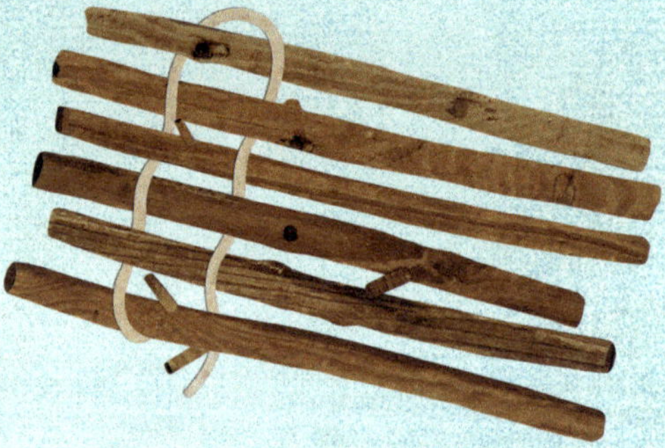

3 Stecke den Mast in die Mitte des Floßes. Befestige ihn mit zwei Schlaufen aus Schnur. Verknote sie unter dem Floß.

4 Stecke zuletzt das Blatt als Segel auf den Mast.

Probiere verschiedene Blätter aus. Mit welchem segelt das Floß am schnellsten?

Hier geht es um Kunst, Mathematik, Naturkunde und Schiffbau!

Flüsse und Teiche können gefährlich sein. Lassen Sie Ihr Kind nie unbeaufsichtigt an einem Gewässer spielen.

Schatzsuche

Du brauchst:
- Bleistift
- Papier

In der Natur gibt es so viel zu entdecken! Geh auf die Suche. Du kannst die Listen auf dieser Seite benutzen. Hake ab, was du gefunden hast. Pflücke aber nichts und nimm keine lebendigen Tiere mit.

Schau dir die Dinge, die du findest, genau an. Achte auch darauf, wie sie sich anfühlen. Mit welchen Wörtern würdest du sie beschreiben?

Suche etwas Passendes zu jedem Wort:

- ☐ Bunt
- ☐ Glänzend
- ☐ Glatt
- ☐ Rau
- ☐ Spitz
- ☐ Weich
- ☐ Hübsch
- ☐ Stachelig

Wenn du interessante Dinge gefunden hast, versuche sie zu zeichnen.

Kannst du mich auch finden?

Ich sehe ...

- [ ] Spinnennetz
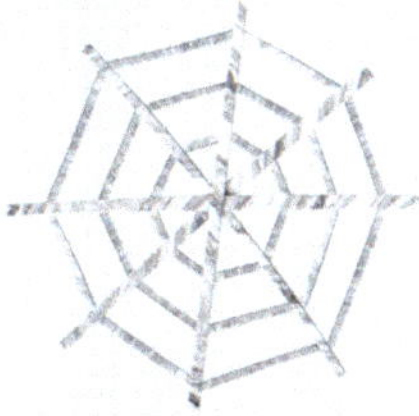

- [ ] Baum

- [ ] Schmetterling

- [ ] Wolke

- [ ] Blume

- [ ] Ameise

- [ ] Feder

- [ ] Zweig

- [ ] Stein

- [ ] Vogel

- [ ] Tannenzapfen

- [ ] Spuren
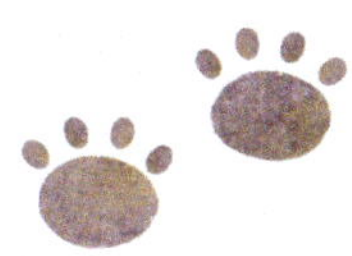

Insektenhotel

Krabbeltiere sind wichtig und nützlich. Einige kannst du mit einem Hotel in den Garten einladen.

Du brauchst:

- 2 oder mehr Holzpaletten oder Holzkisten (frage in einem Geschäft, manchmal werden sie verschenkt)
- Ziegelsteine
- Naturmaterial, z. B. Gras, Holzscheite, Stroh, herabgefallene Blätter, Bambus
- Blumentöpfe aus Ton

1. Lege die Paletten oder Kisten aufeinander. Das geht am besten auf einem geraden, festen Boden.
2. Fülle die Zwischenräume mit verschiedenen Materialien. Schiebe Ziegelsteine oder Holzscheite hinein, um kleinere Abteile zu bauen.

Für dein Insektenhotel kannst du verwenden, was im Garten übrig ist.

Es krabbelt überall!

Kleine Tiere kannst du im Freien überall finden: auf Blättern und Blüten und sogar unter der Erde.

Wenn dein Insektenhotel fertig ist, werden bald kleine Tiere einziehen. Schau dir die Besucher genau an und erzähle oder zeichne, was du beobachtest.

Manche Ziegelsteine haben Schlupflöcher.

Bienen ziehen gern in Bambusrohre ein.

Käfer verstecken sich oft unter dicken Holzscheiten.

Würmer lieben feuchten Boden.

Spinnen warten in ihrem Netz auf Beute.

Ameisen leben in Gruppen zusammen und bauen kleine Hügel.

Was macht das Wetter?

Man sagt, es gibt kein schlechtes Wetter, nur falsche Kleidung. Tatsächlich kann man bei jedem Wetter spannende Dinge tun. Was möchtest du zuerst ausprobieren?

Regen

Wenn es regnet, fallen Wassertropfen aus den Wolken. Stelle beim nächsten Regen Gefäße nach draußen. Welches ist zuerst voll?

Stelle Töpfe oder Dosen raus, dann macht der Regen **Musik**.

Tauche deine Hand in eine **Matschpfütze** und drucke damit Muster auf Bäume oder den Bürgersteig.

Suche einen **Regenbogen**! Am besten, wenn es regnet und gleichzeitig die Sonne scheint.

Schnee

Wenn es sehr kalt ist, fällt statt Regen Schnee aus den Wolken. Dann musst du dich warm anziehen.

Wenn Wasser gefriert, wird es zu **Eis.**

Gib Salz und Lebensmittelfarbe auf einen Eisklumpen. Dann kannst du beobachten, wie ganz von allein tolle **Muster** entstehen.

Lege Blätter, Beeren und beide Enden von einem Stück Schnur in einen Deckel. Fülle ihn mit Wasser und stelle ihn in den Tiefkühler. Wenn das Wasser gefroren ist, kannst du das **Eisbild** draußen aufhängen.

Lege dich in den Schnee und bewege Arme und Beine. So entsteht ein **Schneeengel**.

Sonne

An warmen Sommertagen kann man draußen viel machen, z. B. eine **Sonnenuhr** bauen: Stecke einen Trinkhalm in die Mitte eines Papptellers und beobachte, wie der Schatten im Lauf des Tages über den Teller wandert. Die Sonne scheint sich am Himmel zu bewegen, aber tatsächlich kreist die Erde um die Sonne.

Lege verschiedene Dinge auf ein Backblech und beobachte, ob sie in der Sonne **schmelzen**.

Stelle dich in die Sonne. Ein Freund malt **deinen Schatten** mit Kreide nach. Wiederholt dasselbe nach einigen Stunden. Wo ist der Schatten jetzt? Ist er länger oder kürzer?

Setze an sonnigen Tagen einen Hut auf, creme dich ein und vergiss nicht, viel Wasser zu trinken.

Wind

Wenn sich die Luft am Himmel bewegt, entsteht Wind. Binde für einen **Windanzeiger** bunte Bänder an einen Reifen. Halte ihn in die Luft. Jetzt siehst du, aus welcher Richtung der Wind weht.

Lege an einem **windigen Tag** verschiedene Sachen auf den Boden: Steinchen, Federn oder kleines Spielzeug. Was wird zuerst weggeblasen?

Befestige ein **Bettlaken** an zwei Bäumen. Die Unterkante des Lakens liegt auf dem Boden. Beobachte, was der Wind in dein Laken bläst. Vergiss nicht, das Laken aufzuräumen, wenn du fertig bist.

Himmelsgucker

Du brauchst:

- Schere
- Pappe
- Stifte
- Klebstoff
- Stock

Der Himmel verändert sich immerzu – er sieht jeden Tag anders aus. Schau nach oben ... was kannst du heute beobachten?

Bastle dir einen **Himmelsgucker**. Schneide aus Pappe einen rechteckigen Rahmen aus und bemale ihn. Klebe einen Stock als Griff daran fest. Nun kannst dich besser auf einen Ausschnitt des Himmels konzentrieren. Welche Wolkenformen siehst du?

Wolkenformen

Wolken bestehen aus winzigen Wassertröpfchen oder Eiskristallen, die in der Luft hängen. Manche Wolken schweben sehr hoch, andere dichter über der Erde. Wolken gibt es in vielen verschiedenen Formen.

Cirrus heißen dünne Wolkenfäden in großer Höhe.

Altocumulus-Wolken sehen aus wie wollige Schafe. Meistens schweben mehrere zusammen.

Cumulus-Wolken sehen aus wie Watte. Man sieht sie oft an windigen, sonnigen Tagen.

Beobachte einmal **die Vögel** in deiner Nachbarschaft. Wie fliegen sie? Gleiten Sie? Schlagen sie oft mit den Flügeln? Fliegen sie schnell geradeaus oder fliegen sie in Bögen? Notiere alles, was dir auffällt.

⚠ Schaue niemals direkt in die Sonne. Ihr Licht ist so stark, dass deine Augen dadurch Schaden nehmen können.

Stratus-Wolken haben eine flache Form und hängen tief. Sie können weiß oder grau sein.

Stratocumulus heißen die großen Wolkengebirge, die man an sehr bewölkten Tagen sieht.

Nimbostratus-Wolken sind dunkel. Sie bringen stundenlangen Regen oder Schnee mit.

Cumulonimbus-Wolken sehen aus wie Blumenkohl. Sie kündigen Sturm an.

Teichforscher

An einem Teich oder Bach kannst du viele spannende Tiere beobachten. Erforsche das Leben der Wasserwelt!

Du brauchst:

- Großes Glas
- Kescher
- Lupe

Für Naturdetektive

1 Fülle das Glas zur Hälfte mit Wasser aus dem Teich.

2 Senke den Kescher langsam in den Teich und schreibe eine große Acht. Hebe ihn aus dem Wasser und leere ihn in das Glas aus.

Schau dir deinen Fang mit der Lupe an.

Setze die Tiere immer in den gleichen Teil des Teichs zurück.

Teichbewohner

In einem gesunden Teich können mehr als 100 verschiedene Tierarten leben. Manche schwimmen an der Oberfläche, andere unter Wasser.

Lassen Sie Kinder nie unbeaufsichtigt am Wasser spielen. Achten Sie darauf, dass sie behutsam mit den Lebewesen umgehen. Anschließend sollten sie sich gründlich die Hände waschen.

Entwicklung eines Froschs

Frösche sind Amphibien. Sie können im Wasser und an Land leben. Viele Amphibien kommen im Wasser zur Welt und verändern mit der Zeit ihr Aussehen stark.

Tolle Bäume

Manche Bäume behalten ihre Blätter oder Nadeln das ganze Jahr. Andere werfen die Blätter im Herbst ab.

Wahrscheinlich gehst du jeden Tag an Bäumen vorbei. Aber hast du sie dir schon einmal genau angesehen? Es lohnt sich!

Beobachte, wie sich die Bäume in der Nachbarschaft im Lauf des Jahres verändern.

Alle Bäume haben einen aufrechten Stamm.

Erforsche die **Baumrinde**. Lege ein Blatt Papier auf einen Baumstamm und streiche mit einem Wachsmalstift darüber. Schau dir das Muster genau an.

Baumformen

Es gibt viele verschiedene Bäume. Manche kann man an ihrer Form unterscheiden – breit, schlank, spitz oder knorrig. Sieh dir die Formen dieser Bäume genau an.

Breit
Das Blätterdach des Baums ist breiter als hoch.

Palme
Palmen haben einen Schopf aus großen Blättern an der Spitze des Stamms.

Ausladend
Die Äste ragen zu den Seiten hinaus.

Baumgeister

Für einen **Baumgeist** mischst du Erde mit etwas Wasser. Drücke einen großen Klecks Matsch an einen Baumstamm. Dann kannst du aus Blüten, Blättern oder Tannenzapfen ein Gesicht in den Matschklecks drücken.

Rund
Die Äste bilden eine gleichmäßige Kugelform.

Säule
Dieser Baum wächst schlank und gerade.

Pyramide
Unten sind die Äste lang, nach oben werden sie kürzer.

Trauerwuchs
Die langen Äste hängen weit herab.

Stock-Spielereien

Für Künstler

Mit einem einfachen Stock kann man tolle Sachen machen. Was möchtest du ausprobieren?

Du brauchst:

- Stöcke
- Schnur, Wolle oder Band
- Federn, Blätter und Blüten
- Schere
- Sparschäler
- Farbstifte
- Schlamm
- Wasser

Zauberstäbe
Umwickle einen Stock mit Wolle oder Band in verschiedenen Farben und stecke Fundstücke aus der Natur unter die Fäden. Für Extra-Zauberkräfte kannst du noch einen Stern aus einem Blatt oder Pappe am Stab befestigen.

Schlammfarbe kannst du selbst machen. Mische Erde und Wasser in einem Gefäß, oder grabe ein kleines Loch und gieße Wasser hinein. Tauche den Pinsel ein und male, was du möchtest.

Mit Schlamm kannst du auf Papier, auf dem Bürgersteig und auf Bäumen malen.

Wir wollen was erleben!

Zeigen Sie dem Kind die Handhabung des Sparschälers. Beaufsichtigen Sie es beim Schnitzen.

Pinsel
Befestige Blätter, Federn, Tannennadeln oder Blüten am Ende eines Stocks. Probiere aus, welcher Pinsel am besten malt.

Stock-Zwerge
Schneide das Ende eines Stocks mit einem Sparschäler spitz zu. Zeichne ein Gesicht und male die Zipfelmütze an.

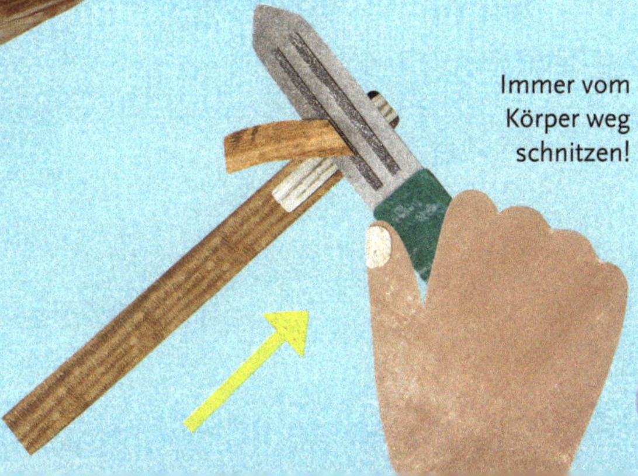

Immer vom Körper weg schnitzen!

Natur-Kunstwerke

Viele Künstler sind von der Natur fasziniert. Sammle Material und überlege, was du damit gestalten könntest. Vielleicht bringen dich die Beispiele auf dieser Seite auf gute Ideen?

Du brauchst:

- *Verschiedene Dinge, die du in der Natur findest*

Für Künstler

Du kannst einen Rahmen aus Blütenblättern um dein Bild legen.

Dieses Muster hat Strahlen wie ein Stern oder eine Sonne.

Muster in der Natur

Überall in der Natur gibt es Muster – auf Baumrinde und Blättern, auf Muscheln. Auch Wellen auf dem Wasser bilden ein Muster. Manche Muster wiederholen sich immer wieder. Achte mal darauf, wenn du draußen bist!

Jeder Zweig hat eine ähnliche Form wie der Ast, aus dem er wächst.

Es ist sehr beruhigend, **Muster in der Natur** zu suchen. Du entspannst dich dabei und atmest ruhiger.

Wiederholung

Muster entstehen, wenn Dinge so angeordnet sind, dass sie sich wiederholen.

Gefällt dir die Schneckenform aus Blättern und Blüten?

Benutze nur, was du auf der Erde findest.

Alle Blätter haben dieselbe Form.

Das Schneckenhaus hat eine Spiralform.

Grünes Volk

Mit Blättern, Zweigen und anderen Naturmaterialien, die du auf der Erde findest, kannst du prima basteln. Schau, was du draußen findest, und bastle aus deinen gesammelten Schätzen lustige Figuren.

Achten Sie darauf, dass das Kind keine giftigen Pflanzen und keine Lebewesen sammelt.

Für Künstler

Farben und Formen

Suche für die Körperteile interessante Farben und Formen aus. Ein krummer Zweig könnte eine Schlange sein. Moos kannst du für Fell oder Haare nehmen.

Wie würdest du dieses Blatt beschreiben?

In der Natur gibt es viele tolle Farben. Damit sieht deine Figur schön bunt aus.

Augen und Mund kannst du auf die Blätter malen oder aus Papier ausschneiden.

Nimm Grashalme oder schmale Blätter für die Haare.

Gerade Zweige eignen sich als Beine.

Wie heißt deine Blattfigur? Ist sie freundlich oder griesgrämig? Erfinde doch eine Geschichte, die von deiner Figur handelt.

Nimm ein symmetrisches Blatt für den Kopf.

Suche längliche Blätter für Beine und Arme.

Steinmalerei

Du brauchst:

- Glatte Kieselsteine
- Farbe
- Pinsel

Glatte Steine werden mit Pinsel und Farbe zu kleinen Kunstwerken. Lege sie zu Hause an einen Platz, wo jeder sie bewundern kann. Du kannst sie auch verstecken, damit jemand anders sie findet und sich darüber freut.

Für Künstler

Steine bemalen

Zuerst musst du die Steine gründlich abwaschen und trocknen lassen. Danach kannst du sie mit bunten Farben verzieren. Male hübsche Blumen, Käfer oder bunte Muster – was du möchtest.

Überlege dir ein Bild, das gut zur Form des Steins passt.

Baue ein gemütliches Nest für deine Steinkäfer.

Ich bin ein Wurm. Darf ich trotzdem bei der Schlange mitmachen?

Zähle die Steine in der Schlange. Sind es heute mehr als gestern?

Starte eine **Steinschlange.** Lege einen bemalten Stein an einen geschützten Platz im Freien. Bitte Freunde oder Schulkameraden, ihre Steine dazuzulegen. Wie lang wird eure Schlange?

Domino

Für ein Dominospiel musst du viele Steine sammeln. Male in die Mitte jedes Steins einen Strich. Dann malst du auf jede Seite zwischen 1 und 6 Punkte. Ordne die Punkte so an wie auf einem Würfel.

Tannenzapfen-Tiere

Du brauchst:
- Schere
- Filz
- Klebstoff
- Tannenzapfen

Viele Tiere des Waldes kannst du aus Tannenzapfen basteln. Probiere es zuerst mit einem Fuchs.

Für Künstler

1 Schneide die Teile, die du für den Fuchs brauchst, aus Filz aus.

Klebe den Schwanz ans Hinterteil.

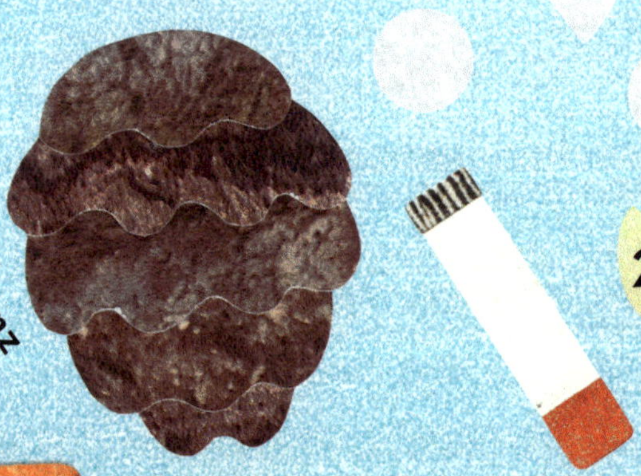

2 Klebe zuerst die weißen Teile auf das orangefarbene Dreieck und an den Schwanz. Nun sind die schwarzen Kreise für Augen und Nase dran. Zuletzt klebe Kopf, Schwanz und Füße am Tannenzapfen fest.

Feentür

Wer mag wohl hinter dieser kleinen Tür wohnen?

Die Baumscheiben für Tisch und Hocker sollte ein Erwachsener sägen. Der Weg zur Tür wird mit kleinen Kieselsteinen gepflastert.

Genau wahrnehmen

Erkunde die Natur mit allen Sinnen und nimm sie bewusst wahr. Das nennt man Achtsamkeit. Diese Spiele helfen dir dabei.

Du brauchst:

- 4 Stöcke
- Schnur
- verschiedene Materialien wie Schlamm und Sand

Natur-Theater

Baue aus den Stöckchen einen Rahmen. Wie es geht, wird auf Seite 10 erklärt. Hänge den Rahmen zwischen zwei Bäume. Dann kannst du deinen Freunden kleine Theaterstücke vorspielen.

Auf Baumstämmen können deine Zuschauer sitzen.

Unsere Sinne

Mit unseren fünf Sinnen nehmen wir die Welt wahr. Deine Sinne arbeiten immer zusammen. Sie senden Nachrichten an das Gehirn, damit es versteht, was um dich herum geschieht.

Unsere Sinne: sehen hören, schmecken, riechen und fühlen

Barfuß-Pfad

1. Nimm zwei Naturmaterialien, die sich verschieden anfühlen, auf der Erde. Nimm nichts, woran man sich weh tun kann. Besser sind Gartenerde, Sand, Schlamm oder herabgefallene Blätter.

2. Ziehe Schuhe und Strümpfe aus. Schließe die Augen und gehe langsam über die Materialien. Achte genau darauf, wie sie sich anfühlen.

Suche dir etwas aus, das du eine Weile **beobachtest**: ein Insekt, eine Pflanze oder was du möchtest. Beschreibe anschließend einige Dinge, die dir besonders aufgefallen sind, und auf die du früher nie geachtet hast.

Achtsamkeit

Unternimm mit zwei oder drei Freunden einen **stillen Spaziergang.** Redet nicht, und versucht auch sonst, sehr leise zu sein. Wenn jemand etwas Interessantes entdeckt, tippt er seinem Nachbarn auf die Schulter und zeigt es ihm.

Schließe für eine Weile die Augen und achte ganz genau auf die verschiedenen **Geräusche** in deiner Umgebung. Öffne die Augen wieder und erzähle, was du gehört hast.

Erkennst du, worauf du gehst? **Wie fühlt es sich an?**

Gras | Blätter | Pfütze | Erde | Sand

Start

Was duftet da?

Du brauchst:
- Duftende Dinge aus der Natur
- Gläser oder Boxen
- Schal oder Tuch
- Wasser

Wie gut kannst du Gerüche erkennen? Mit diesem Ratespiel kannst du deine Nase auf die Probe stellen.

1 Bitte einen Freund, draußen verschiedene duftende Dinge zu sammeln und in verschiedene Gläser zu legen. Alle Gläser werden verschlossen.

Lavendel Minze Gras Blüte Erde

2 Nun werden dir die Augen verbunden. Dann öffnet dein Freund ein Glas und lässt dich riechen. Erkennst du nur am Geruch, was im Glas ist?

Schwieriger wird es, wenn mehrere duftende Dinge in einem Glas stecken.

Vielleicht kein magischer Trank, aber lecker: Küchenkräuter mit Wasser und Apfelsaft ergeben eine gute Limo.

Ordne die Gläser von deinem Lieblingsduft bis zu dem Geruch, den du nicht magst.

Lassen Sie Kinder den Geschmack von Pflanzen nur probieren, wenn Sie ganz sicher sind, dass sie nicht giftig sind.

Der Duft von Lavendel wirkt **beruhigend** und hilft beim **Einschlafen**.

Hier riecht es aber gut!

Guten Tag, Baum!

Dies ist ein Spiel für zwei oder drei Kinder. Ihr könnt es im Wald oder im Park spielen. Du führst deinen Mitspieler zu einem Baum. Er sieht nichts und muss darum seine anderen Sinne benutzen.

Du brauchst:

- Schal oder Tuch
- Einen oder zwei Mitspieler

1 Verbinde deinem Mitspieler die Augen. Wenn er das nicht mag, bitte ihn, die Augen fest zu schließen.

2 Führe deinen Mitspieler zu einem Baum. Stelle unterwegs viele Fragen. Bitte ihn zu beschreiben, was er von eurer Umgebung wahrnimmt.

3 Führe deinen Mitspieler in einem langsamen, gleichmäßigen Tempo. Pass gut auf, dass er nicht stolpert.

Wie groß mag der Baum sein?

Wenn man genau darauf achtet, wie Dinge riechen, wie sie sich anhören oder anfühlen, wird man ganz ruhig. Außerdem lernt man die Natur dadurch gut kennen.

4 Wenn ihr am Baum angekommen seid, hilf deinem Mitspieler, ihn zu erforschen

Reichen deine Arme um den Stamm herum?

Wie fühlt sich die Rinde an?

Hallo Baum!

5 Führe deinen Mitspieler zurück zum Start und nimm ihm die Augenbinde ab. Findet er den Baum wieder? Danach tauscht ihr die Rollen.

Naturmusik

Hast du Lust, Musik zu machen? Teure Instrumente musst du dafür nicht kaufen. Du brauchst dafür nur einen Gartenzaun und ein paar Stöcke. Alles andere findest du bestimmt im Haus.

Du brauchst:

- Stöcke
- Farbe
- Schnur
- Zaun
- Alte Töpfe oder Pfannen

1 Windspiel aus Stöcken

Sammle Stöcke in verschiedenen Farben. Male sie bunt an. Wenn sie trocken sind, binde sie alle an einen langen Stock, wie auf dem Bild unten. Achte auf gleichmäßige Abstände.

2

Hänge das Musikinstrument draußen an einem Platz auf, der nicht windgeschützt ist.

Wenn die Stöcke im Wind gegeneinanderschlagen, machen sie Geräusche.

Xylofon

Sammle Stöcke, die gleich lang, aber unterschiedlich dick sind. Lege sie nebeneinander auf zwei lange Stücke Holz. Schlage mit einem Zweig auf die Stöcke, um eine Melodie zu spielen.

Ordne die Stöcke nach der Dicke.

In der Natur gibt es viele **schöne Geräusche**, zum Beispiel Vogelgezwitscher oder plätscherndes Wasser. Musik und Geräusche können beruhigen, gute Laune machen und sogar helfen, sich zu konzentrieren.

Wenn du sanft oder kräftig schlägst, entstehen verschiedene Klänge.

Hänge die Schlaufen an den Zaun.

Schlage mit einem Stock auf die Instrumente.

Zaun-Schlagzeug

Suche im Haus Dinge, die Geräusche machen, wenn man auf sie schlägt oder über sie streicht: alte Töpfe und Pfannen, Löffel, Blechdosen oder Flaschendeckel. Hänge alle an den Zaun.

Klopfe mit verschiedenen Hilfsmitteln auf die Instrumente. Welche Klänge gefallen dir am besten?

Strandspiele

Diese Spiele kannst du beim nächsten Ausflug ans Meer ausprobieren. Alles, was du dafür brauchst, findest du am Strand.

Drei in einer Reihe

Zeichne ein Raster wie auf dem Bild in den Sand. Ein Spieler bekommt Steine, der andere Muscheln. Jeder darf abwechselnd legen. Wer zuerst drei Steine oder Muscheln in einer Reihe hat, gewinnt.

Zielwerfen

Zeichne eine Zielscheibe mit vier Kreisen in den Sand. Nun werfen die Spieler abwechselnd Steine. Achtet dabei auf genug Abstand zu anderen. Wer der Mitte am nächsten kommt, ist Sieger.

Schattenköpfe

Lege aus Fundstücken vom Strand Gesichter. Dann stelle dich so hin, dass eine Schattenfigur entsteht. Vielleicht findest du sogar Steine, die aussehen, als hätten sie ein Gesicht.

Sind deine Gesichter traurig oder fröhlich? Erzähle etwas über sie.

Es kann sehr beruhigend sein, **Steintürme** zu bauen. Sammle Steine in verschiedenen Größen und staple sie aufeinander. Fange mit dem größten an.

⚠ Kinder müssen am Meer immer beaufsichtigt werden.

Nimm glatte, flache Steine.

Wasser-Wettlauf

Jeder Mitspieler bekommt einen Eimer, der etwas vom Ufer entfernt steht. Holt nur mit den Händen Wasser aus dem Meer. Wer seinen Eimer zuerst gefüllt hat, gewinnt.

Glossar

In diesem Buch kommen einige schwierige Wörter vor.
Hier werden sie erklärt.

Achtsamkeit
Du bist achtsam, wenn du deine Gedanken und die Welt um dich herum bewusst wahrnimmst.

Amphibien
Tiere, die im Wasser und an Land leben können.

Duft
Ein angenehmer Geruch. Das Gegenteil von Duft ist Gestank.

Floß
Ein flaches Gebilde, das schwimmen kann.

Indigene Völker
Die ersten Menschen, die in einem Land gelebt haben.

Kiesel
Ein glatter, kleiner Stein.

Kompass
Ein Gerät, das immer anzeigt, wo Norden ist. So kann man sich in einer fremden Umgebung zurechtfinden.

Lebenszyklus
Verschiedene Abschnitte im Leben eines Tiers oder einer Pflanze.

Magnet
Ein Stück Metall, das andere magnetische Gegenstände anzieht.

Mast
Der hohe, senkrechte Pfosten auf einem Boot, an dem das Segel hochgezogen wird.

Muster
Verschiedene Farben und Muster, die in einer bestimmten Weise angeordnet sind und sich wiederholen.

Natürlich
Etwas, das in der Natur vorkommt und nicht von Menschen hergestellt wurde.

Recyceln
Dinge nicht wegwerfen, sondern weiter benutzen oder etwas Neues aus ihnen machen.

Schnitzen
Holz mit einem Messer so bearbeiten, dass eine neue Form entsteht.

Sinne
Sehen, hören, riechen, schmecken und fühlen – also alle Fähigkeiten, die wir besitzen, um unsere Umwelt wahrzunehmen.

Unterschlupf
Ein Versteck, das Tiere benutzen, um sich zu verstecken oder vor schlechtem Wetter zu schützen.

Weben
Fäden oder anderes Material zwischen gespannten Fäden auf und ab führen.

Register

Dank

Hier kannst du Menschen kennenlernen, die an diesem Buch mitgearbeitet haben.

Katie, die Autorin
Katie wurde in einem Schaltjahr geboren und hatte erst neunmal Geburtstag. Sie ist aber schon seit zehn Jahren Lehrerin. Weil sie findet, dass Kinder draußen viel lernen können, leitet sie eine Waldschule. Über ihre Projekte berichtet sie auf Instagram @earlyyearsoutdoor. Mit ihrem Mann und ihren drei Kindern wohnt sie in South Yorkshire in Großbritannien.

Lianne, die Illustratorin
Lianne wohnt in der Nähe der Malvern Hills in Großbritannien. Dort arbeitet sie auch. Ihr Atelier teilt sie sich mit vielen Pflanzen und ihrem Kater Captain. Sie malt und zeichnet nicht nur, sondern macht auch Collagen aus buntem Papier. Lianne hat viele Bücher über die Natur, in denen sie Ideen für ihre Bilder findet.

Die Arbeit an dem Buch hat uns Spaß gemacht.
Wir hoffen, es gefällt dir.

Bildnachweis

Der DK Verlag dankt Helen Peters für das Register.

Der Verlag dankt folgenden Personen und Organisationen für die freundliche Genehmigung zum Abdruck von Fotos:

(o-oben; u-unten; m-mitte; a-außen; l-links; r-rechts)

4 **123RF.com:** denyskuvaiev (um). **Dreamstime.com:** Sam74100 (mlu). 9 **Alamy Stock Photo:** Paul Hawkett (o). 14 **Dreamstime.com:** Robert Kneschke (mro). 17 **Dreamstime.com:** Roman Milert. 18 **123RF.com:** lightfieldstudios (ur). **Getty Images:** Bongarts / Alexandra Beier (ml). 24 **Getty Images:** Universal Images Group / Marka (mlu). 28 **Dreamstime.com:** Vladimir Loschi (um). 29 **123RF.com:** Petra Schüller / pixelelfe (ur). **Dreamstime.com:** Euphotica (ul).

37 **Getty Images:** Cultura / Tim Hall (ol); Moment / paul mansfield photography (o). 41 **Getty Images:** Cultura / Janie Airey (mu).

Cover: *Hinten*: **Getty Images:** Cultura / Janie Airey (ol).

Noch mehr Bücher für Naturfreunde:

Wundervolle Welt der Natur
ISBN 978-3-8310-4041-4
€ 19,95 [D] / 20,60 [A]

Leben unter der Erde
ISBN 978-3-8310-4050-6
€ 14,95 [D] / 15,40 [A]

Bäume: Entdecke die verborgene Welt des Waldes
ISBN 978-3-8310-3820-6
€ 14,95 [D] / 15,40 [A]

Käfer, Bienen, Spinnen
ISBN 978-3-8310-4121-3
€ 14,95 [D] / 15,40 [A]

Zu gut für die Tonne
ISBN 978-3-8310-3936-4
€ 9,95 [D] / 10,30 [A]

Grün: Mein Mitmach-Gartenbuch
ISBN 978-3-8310-3928-9
€ 12,95 [D] / 13,40 [A]

www.dk-verlag.de